AF330698

SUR

BONAPARTE,

PREMIER CONSUL

DE LA

RÉPUBLIQUE FRANÇAISE.

SUR

BONAPARTE

PREMIER CONSUL

DE LA

RÉPUBLIQUE FRANÇAISE.

Par le Citoyen J. CHAS, (de Nismes).

A PARIS,

Chez Carteret, Libraire, rue Pierre-
Sarrazin, N.º 13.

Ventôse, an VIII.

SUR BONAPARTE,

PREMIER CONSUL

DE LA RÉPUBLIQUE FRANÇAISE.

La reconnaissance envers les hommes qui
ont illustré leur siècle, et honoré l'humanité
par leur génie et leurs vertus, est de tous
les temps, de tous les lieux, de tous les gouvernemens. La justice veut qu'on expose à la
vénération publique leurs actions, leurs pensées, leurs travaux, et qu'on les grave sur le
marbre et sur l'airain. Le premier magistrat
d'une République libre, qui, par sa sagesse et
sa fermeté, veut, sur les débris des factions et
de l'anarchie, rétablir le règne des lois, de la
justice et de la morale, qui fait servir son
pouvoir, ses vertus et ses talens à l'ordre
public, au bonheur du peuple, à la prospérité de l'empire, doit recevoir, pendant sa
vie, ce tribut de louanges et d'admiration
que la reconnaissance publique lui offre, et
entendre les cris d'allégresse et de bénédiction d'un peuple qui célèbre par des hymnes

et des cantiques, les exploits, les vertus, et
les bienfaits du sauveur de la patrie et du
restaurateur de la liberté.

C'est ainsi qu'à Rome et à Athènes le peuple
élevait des statues et décernait des honneurs
publics à ces guerriers qui avaient combattu
pour la liberté, et proclamait, dans les assem-
blées publiques, le nom de ces sages qui
avaient pratiqué les lois saintes de la morale,
et avaient présenté le tableau des vertus
publiques. Là l'ouange, dit l'éloquent Thomas,
est l'hommage que l'admiration rend aux
vertus, ou la reconnaissance au génie. Sous
ce point de vue, elle est une des choses les plus
grandes qui soient parmi les hommes. D'abord
par son autorité, elle inspire un respect
naturel pour celui qui la mérite et qui l'ob-
tient par la justice. Par elle le génie s'étend,
l'ame s'élève. L'homme tout entier multiplie
ses forces ; et de là les travaux et les méditations sublimes du législateur et du guerrier.
Que servent à des cendres froides et insen-
sibles ces monumens qu'on élève pour éter-
niser le nom et la mémoire des législateurs,
des philosophes, des guerriers, des pontifes!
Ce n'est point sur leurs tombeaux et au milieu
des ossements épars que la Renommée doit se
placer pour raconter aux générations futures

le bien qu'ils ont fait à la patrie , à la religion , à l'humanité.

L'homme qui , dans l'exercice du pouvoir qui lui a été confié , ne travaille qu'à la félicité générale, déteste les flatteurs , et méprise les courtisans; mais il est sensible au cri de la reconnaissance qui rappelle à sa conscience le souvenir de ses actions si utiles au bonheur du peuple et à la liberté publique. L'estime et les suffrages des amis de la justice et de la vérité le soutiennent , le consolent dans la vaste carrière qu'il parcourt. Ils augmentent l'éclat de sa gloire et embellissent son existence.

Nous allons parler d'un homme qui étonne l'Europe par ses conquêtes , par l'étendue de ses connaissances , et par la sagesse de son administration. Qu'on ne nous soupçonne point d'être dirigés dans ce travail par des vues d'ambition et d'intérêt. Jamais nous n'avons fait de l'art d'écrire et de penser , un trafic d'intrigue, de calcul. Si , dans tous nos écrits , nous n'avons cessé de proclamer les vérités saintes de la morale , et ces idées religieuses, qui, pour la stabilité des empires, et le bonheur des nations , doivent être unies à la politique et à la législation, ce n'est point en parlant d'un homme que la nature destine à faire de grandes choses , que nous ferons l'apprentissage de la flatterie.

Bonaparte est né , en 1769, à Calvi , petite ville de Corse. Paoli , ce vengeur des droits du peuple , cet auguste martyr de la liberté , fut son parrain. Il fut placé , dès sa plus tendre jeunesse, à l'école militaire de Brienne. Il était sans cesse dans la méditation; son ame s'irritait à la vue des dangers et des obstacles, et prenait une nouvelle énergie. Il annonça de bonne heure le desir ou plutôt le besoin de la liberté. L'idée de l'indépendance échauffait , enflammait son ame. Offensé des plaisanteries de ses amis sur la réunion de la Corse à la monarchie Française , j'espère , répliqua-t-il, *être un jour en état de la rendre à la liberté.*

Bonaparte , dans ses profondes méditations devait aimer la retraite et le travail : il devint sombre et misanthrope. Mais cette misanthropie était dans le jeune Bonaparte , un prodige de génie et de sagesse. Il connoissait déjà cette grande vérité annoncée par l'auteur d'Emile : que la nature crée les hommes bons , et que la société les pervertit. Son desir de s'instruire et de s'occuper devint une véritable passion. Mais une espèce d'instinct secret dirigeait son choix vers ces sciences qui devaient être les instrumens de sa gloire et de sa grandeur.

Il se livra avec une ardeur infatigable à l'étude des mathématiques et de l'histoire. La lecture des actions des héros et des sages de la Grèce et de Rome enflammait , aggrandissait son ame. Son imagination ardente le transportait au milieu des combats. Il suivait ces héros dans leurs conquêtes, et s'associait , pour ainsi dire , à leur gloire et leurs triomphes.

Bonaparte goûtait des plaisirs purs dans la retraite. La solitude agrandit le génie et purifie l'ame , en lui inspirant l'amour des vertus. Là, dans un calme heureux , l'homme se contemple avec un religieux respect ; il voit la noblesse de son origine, et la grandeur de sa destinée. Les heures de récréation de Bonaparte étaient employées à fertiliser une portion de terrain qui lui était tombé en partage. Il le cultiva avec le plus grand soin , et l'entoura de fortes palissades. C'est ainsi qu'il reconnut et annonça que la propriété doit être respectée ; que sa conservation est une loi fondamentale dans tous les gouvernemens; et que sa violation produit ces commotions qui ébranlent et détruisent les sociétés politiques. Bientôt son jardin présenta le tableau d'une riante et solitaire campagne. Malheur à l'usurpateur, ou à l'indiscret qui serait venu troubler son repos et attaquer sa propriété,

Alors on l'eût vu repousser les assaillans, sans s'effrayer du nombre.

On ne voit point les opérations secrètes de la nature, Elle travaille dans le silence. Rien ne peut changer sa marche lente et invariable. L'homme qu'elle destine à faire de grandes choses, ne paraît qu'un être faible, singulier ou ridicule. Bonaparte, s'instruisant et s'agrandissant par la pensée, ne parut, aux yeux de ses instituteurs, qu'un jeune homme bisarre et orgueilleux. On employa tous les moyens pour le contraindre à changer ses habitudes, ses principes, ses goûts, comme s'il était au pouvoir des hommes de gouverner les ames, de les asservir à leurs caprices, de détruire les travaux de la nature, qui, au milieu des passions et des vices de la société, poursuit constamment l'exécution de ses projets, et arrive à ce point de maturité qu'elle a depuis long-temps fixé.

Ferme dans ses résolutions, calme avec sa conscience, Bonaparte était insensible aux affronts et aux railleries. Il n'y opposait que le silence du dédain et le sentiment de la pitié. Il ne céda jamais aux menaces; son ame indépendante connaissait le prix de la liberté ; et il sentait qu'il était destiné à en défendre et propager les maximes. La fermeté, si l'on veut en rechercher le principe, n'est autre chose que l'habitude constante de suivre les lumières de la raison, les notions du juste et de l'honnête, indépendamment de toutes les situations, de toutes les circonstances, et de tous motifs étrangers. C'est la constance et le courage qui en forment le principal caractère.

Les rassemblemens des jeunes élèves, à l'école de Brienne, étaient sur un pied militaire. Divisés en compagnies, ils formaient un petit bataillon dont le colonel et tous les officiers choisis parmi eux portaient les décorations qui distinguent les officiers français. Bonaparte avait le grade de capitaine : il était redevable de cette distinction à son mérite et non à la faveur : il remplit ses devoirs avec cette fierté de l'ame que donne le sentiment de la conscience. Ce noble orgueil que les ames vulgaires ne connaissent point, fut puni par l'injustice. Bonaparte éprouva de bonne heure la persécution. Un conseil de guerre établi dans toutes les formes, déclara Bonaparte indigne de commander à ses camarades: on lit la sentence qui le dégrade et qui le renvoie à la dernière place du bataillon; il fut ensuite dépouillé des marques distinctives de son grade. L'oppression est l'aliment des grands courages. Tout alors les élève, et soutient leur enthousiasme. L'homme vertueux se recueille alors tout entier et sent qu'il est fait pour orner et embellir l'humanité. Bonaparte fut insensible à cette dégradation, parce que, seul avec sa conscience, il sentait qu'il ne la méritait point. Cette disgrace, supportée avec une fermeté noble et courageuse, produisit les regrets de ses supérieurs, augmenta l'estime et l'amitié de ses camarades. Que Bonaparte apprenne qu'il vit parmi les hommes et dans un temps de corruption. Qu'il apprenne que l'homme qui s'élève au-dessus de son siècle par ses vertus et son génie, sera exposé à la persécution, à la haine, aux traits de l'envie, aux noirceurs de la calomnie de ces êtres qui outragent tout ce qui est grand, couvrent leur nullité par leur audace et leur bassesse par l'orgueil; mais il lui restera son nom, sa gloire, l'admiration de l'Europe, et le bien qu'il aura fait à la patrie et à l'humanité.

Bonaparte fut sensible aux témoignages de l'amitié et de l'affection que lui donnèrent ses camarades. S'il dédaignait les éloges, il éprouvait le noble sentiment de la reconnaissance; alors il comprit que l'amitié est faite pour le sage, et que c'est dans l'union des cœurs

et au milieu d'une société chérie qu'il pouvait
goûter des plaisirs purs et innocens ; il se
rapprocha des compagnons de ses études ; il
se mêla à leurs jeux, et proposa des institutions et des fêtes militaires ; mais, toujours
constant dans ses principes, il sut joindre
l'utilité au plaisir. Tout ce qui ne portait pas
l'empreinte d'un avantage réel, inquiétait et
affligeait son ame. Les jeux Olympiques de la
Grèce, du Cirque de Rome, furent les mo-
dèles qu'il proposa d'imiter. Les jeux devinrent
des batailles : tour-à-tour, Grecs, Romains,
Carthaginois, Persans, ces jeunes militaires
se croyaient appelés à imiter la fureur enthou-
siaste de ces anciens guerriers. Le souvenir
des triomphes d'Epaminondas, de Miltiade,
de Camille, de Scipion, les victoires d'Annibal, les conquêtes d'Alexandre et de César,
imprimaient dans son ame un sentiment pro-
fond d'admiration et d'enthousiasme. Il semblait alors que la nature lui eût confié ses
secrets, et qu'il pressentît qu'elle le destinait
à renouveler les prodiges des héros de la Grèce
et de Rome.

Tout présenta un aspect militaire ; les
pierres se changèrent en armes ; des phalanges se formèrent ; l'étendard flottait au
milieu des airs ; les jeunes guerriers combat-

taient en champs clos , et le sang coulait.
Les supérieurs supprimèrent ces jeux meur-
triers. Bonaparte se retira dans la solitude:
C'est dans cet asyle pur et chéri de la nature
qu'il nourrissait son ame , et éclairait son
esprit par la lecture des vies de ces philosophes
et de ces sages de la Grèce , dont les noms
étaient proclamés dans les jeux Olympiques.
Il se plaisait avec les Xénophon , les Sopho-
cle , les Socrate , les Eschine. C'est dans
ces momens de réflexion qu'il devait sentir
que la vertu est supérieure au génie , et que
l'homme qui la pratique , orne la terre , et
donne plus de dignité à la nature humaine.

La rigueur des saisons forçait Bonaparte
de quitter son séjour chéri et de se réunir à
ses camarades. Il renouvela ses courses et ses
jeux militaires. L'art moderne de la guerre
succéda à celui des anciens. Sérieusement
occupé de l'étude des fortifications, Bonaparte
voulut y appliquer sa théorie particulière ; et
bientôt on vit s'élever dans la grande cour
de l'école , des retranchemens , des forts ,
des bastilles , des redoutes de neige. Bonaparte exécuta toutes ses opérations avec une
intelligence et une précision qui excitèrent
la curiosité des habitans de Brienne , et des
étrangers , qui venaient en foule , pendant

l'hiver, admirer ces travaux militaires. Un système d'attaque et de défense fut établi. Bonaparte se chargea de diriger tous ces mouvemens ; tantôt, se plaçant à la tête des assiégeans, il emportait les redoutes ; tantôt, à la tête des assiégés ; il conservait ses positions, et forçait les assiégeants à la retraite. C'est dans ces jeux de la jeunesse qu'il acquit le talent d'unir l'adresse au courage. Lorsque l'homme seconde les projets et les efforts de la nature, il devient un être extraordinaire. L'une jette la semence du génie, et l'autre lui donne ce principe de vie et de fécondité qui produit des fruits rares et précieux.

Bonaparte quitta l'école de Brienne en 1785. Arrivé à Paris, il témoigna son penchant pour le service de l'artillerie : il savait que le mérite était souvent appelé à remplir les places de ce corps. Il s'appliqua à l'étude des mathématiques, et y fit des progrès rapides et brillans. Il subit les examens nécessaires, où il développa la profondeur de son génie et la précision de ses pensées : il fut nommé officier d'artillerie dans le régiment de la Fère, peu de temps avant la révolution.

Bonaparte ne se borna pas aux connaissances mathématiques, ni à leur application aux manœuvres militaires. L'histoire des

peuples anciens , la théorie de leurs constitutions , les principes du ontrat social, la
science de la législation , et l'art de la politique furent les objets de ses méditations et
de ses travaux. Les sciences forment une
chaîne immense , que le génie parcourt d'une
extrémité à l'autre , sans s'affaiblir et sans
s'arrêter : il en connaît , il en juge toutes les
parties : il en forme un faisceau de force ; et
de lumière , qu'il fait servir à l'instruction
publique et au bonheur de l'humanité.

Ces hommes faibles ou ignorants , qui ,
dans le cercle étroit de leurs pensées , ne
savent point étendre leur vue dans l'avenir ,
et qui ignorent que la nature a des époques
fixes où elle manifeste sa force et sa puissance , en créant des êtres qu'elle fortifie et embellit de ses dons , pour éclairer et instruire
leur siècle , pour régler les destinées des nations et les rendre au bonheur , à la paix ,
à la liberté, prirent pour une ambition déme-
surée cette inquiétude dévorante de l'ame ,
ces transports d'un génie qui sentait ses forces,
et qui desirait ardemment d'être utile à la
patrie et à l'humanité. Bonaparte devait aimer la révolution ; mais il en abhorrait les
excès , les crimes , et ces institutions féroces
que des hommes de sang et de boue avaient

créées pour l'effroi et le malheur de la terre :
il aimait cette liberté qui est fondée sur
l'amour de la patrie et sur ces vertus publiques qui enfantent les héros et les citoyens. Il
détestait cette liberté qui est un double principe d'insurrection et de tyrannie ; il en avait
des idées plus nobles et plus pures. Il la voyait
unie avec la paix, l'ordre, la justice et les
mœurs publiques. L'arbre de la liberté n'a pas
besoin, sans doute, pour vivifier sa tige, étendre
et embellir ses rameaux, d'être arrosé de sang
humain : la mort d'un innocent est un jour
de deuil pour l'humanité.

Bonaparte fut arraché à ses paisibles travaux,
pour combattre les ennemis de l'État : il fut
nommé pour diriger les batteries de Toulon, dont les Anglais faisaient le siége. Il
désapprouva les dispositions des géné-
raux, et eut le courage de blâmer leur con-
duite. Cet ardent amour pour le bien de la
patrie fut regardé comme une présomption
ridicule ; les avis et les observations de Bonaparte furent rejetés ; mais, comme il faut que
l'erreur et l'ignorance cèdent toujours au
génie et à la vérité, on adopta le système
défensif qu'il avait proposé. C'est donc à l'intrépidité et aux talens de Bonaparte que
sont dues la retraite des Anglais et la reprise

de Toulon. Nommé général d'artillerie, à l'armée d'Italie, il démontra le vice du système militaire qu'on avait établi, il conseilla d'abandonner les affaires de poste, pour fondre, comme un torrent, dans les plaines du Piémont. Rappelé à Paris, il se livra de nouveau à la lecture de l'histoire, de la politique et de la législation. Long-temps renfermé dans le silence et la retraite, où s'alimentent les ames grandes et fortes, il interrogea les sages de tous les siècles, les lois de tous les peuples et l'histoire de tous les pays : il fut une seconde fois arraché à ses travaux consolateurs, pour combattre un parti qui s'élevait au milieu de la République : il s'arma pour détruire une ligue redoutable qui semblait menacer la représentation nationale. Bonaparte arrosa ses lauriers de ses larmes. Le tableau de l'union et de la concorde vint consoler son ame si long-temps affligée des malheurs qu'entraîne une guerre civile. Bientôt après, une faction qui prenait de nouvelles forces, au milieu même de ses pertes, voulait rétablir le code anarchique de 1793, et le règne exécrable de la terreur. Ces démagogues forcenés s'assemblaient au Panthéon ; c'est dans leurs antres ténébreux qu'ils méditaient leurs projets de destruction et de mort. Ils faisaient des motions incendiaires et prenaient des dé-

libérations liberticides , qu'ils présentaient in-
solemment au directoire, pour les faire exécuter; il fallut dissiper ces hordes de conspirateurs.
Bonaparte fut chargé de cette pénible entreprise ; le gouvernement connaissait la vigueur de son ame , la force de son caractère
et sur - tout la haine ardente qu'il avait
pour cette anarchie qui étend l'infortune
et la corruption sur tous les membres du
corps social , qui prepare les crimes et l'esclavage des peuples , et qui, après de sanglantes révolutions, brise le corps politique et
l'entraîne vers sa dissolution. Quelque temps
après , Bonaparte fut nommé au commandement en chef de l'armée d'Italie.

Considérons un moment l'état de l'Italie ,
au moment où le jeune officier d'artillerie fut
chargé de ce commandement. Venise, Gênes,
la Toscane , avaient pris le parti de la neu-
tralité : toutes les autres Puissances de l'Europe , coalisées , présentaient une masse de
forces imposantes. Les troupes d'Autriche,
de Sardaigne , du Piémont et de Naples, offraient une armée de 280 mille hommes ,
prêts à repousser l'aggression des Français ,
qui n'en avaient alors que 56. Les ducs de
Parme et de Modêne donnaient à la coalition,
en argent et en munitions, ce qu'ils ne pou-
vaient , ou n'osaient fournir en troupes.

L'armée française était condamnée , depuis deux ans , aux plus dures privations sur les stériles rochers de Gênes ; et les moyens de subsistance de cette brave armée étaient épuisés. Cette déplorable situation aurait alarmé un homme ordinaire. Sa faiblesse, ou plutôt son découragement , l'aurait conduit à des malheurs et à des revers. Mais le génie ne calcule pas , les obstacles l'irritent et lui donnent plus de grandeur et d'activité. Penser , agir , exécuter n'est pour lui qu'un même mouvement et une même action. Tels furent César et Annibal; et tel fut Bonaparte : *Si nous sommes vaincus* , disait-il , *j'aurai trop ; vainqueurs , nous n'aurons besoin de rien.*

Les Autrichiens et les Piémontais occupaient tous les débouchés et toutes les hauteurs des Alpes qui dominent la rivière de Gênes. Beaulieu , à la tête de dix mille hommes , attaqua le poste de Voltry; il culbuta toutes les positions sur lesquelles s'appuyait le centre des Français , et parut devant la redoute de Montenotte; Bonaparte , suivi de Berthier et de Massena , porta sur ce point , durant la nuit , les troupes de son centre et de sa gauche , força Beaulieu à la retraite, et le chassa de Cuscaro et du Cailo. Bonaparte ne veut point de demi-succès : il réunit deux qualités bien rares dans les héros. Il sait vaincre et profiter de la victoire. Le lendemain, il franchit les Alpes , s'empare des places du Piémont et des citadelles , force des passages et des défilés , étonne ses ennemis par son audace et son intrépidité. Partout il montre le génie du général et la valeur du soldat. Il parcourt avec la rapidité de l'aigle les pays conquis. Il attaque et disperse les Autrichiens , s'empare de la Lombardie , du Milanès ; force Mantoue à lui ouvrir ses portes , assiége et prend des villes. L'étendard victorieux flotte au milieu des airs. Bonaparte marche sur Vienne , fait chanceler l'Empereur sur son trône ; et au milieu de ses conquêtes et de ses triomphes , il présente l'olivier de la paix.

Bonaparte n'a pas corrompu le fruit de ses victoires par des actes de cruauté : sur le théâtre même de la mort, et au milieu des cris lugubres des mourans, ce guerrier fait entendre le cri de l'humanité ; il verse des larmes sur les malheurs et les crimes de la guerre. Il fut généreux et clément envers les prisonniers ; il respecta le courage et la vieillesse du Feld-Maréchal de Wurmser ; il sut s'arrêter au milieu de ses victoires , et donner la paix à des ennemis faibles et vaincus. Il sauva le chef de la religion catholique, donna des larmes aux malheurs de ce pontife vénérable, arracha Rome aux fureurs de la dévastation, conserva les édifices et les monumens qui décoraient la capitale de l'Italie, et dédaigna les vains honneurs de l'entrée triomphale au Capitole.

Bonaparte s'occupa du bonheur des peuples vaincus. Il brisa dans leurs mains le sceptre de la tyrannie qui s'appesantissait sur les habitans infortunés de ces belles contrées; il les fit rentrer dans leur souveraineté usurpée, devint leur législateur et leur ange tutélaire; ce n'est point au milieu des foudres et des éclairs qu'il proclama ses lois : il était environné de la justice et suivi de la clémence, il ne fesait point entendre le cri féroce d'un conquérant dévastateur; c'est un apôtre de paix et de consolation, qui veut ouvrir toutes les sources de la félicité publique. Il n'eut point recours à ces institutions démagogiques, qui flattent un moment l'orgueil de la multitude, et la conduisent bientôt à l'anarchie et à la misère : il connaît les droits des peuples; mais il sait quels sont leurs devoirs. C'est dans l'obéissance aux lois c'est dans leur respect pour leurs magistrats qu'ils trouveront la liberté , le bonheur. Des princes vaincus , témoins de la générosité du vainqueur de l'Italie , recherchent son estime, et réclament ses lumières. Les rois de Naples et de Sardaigne , implorent sa puissance , pour écarter de leurs États ce ferment révolutionnaire qui menace leurs trônes et leur vie. L'Infant duc de Parme se met sous sa protection. C'est au milieu de ses travaux bienfaisans et de sa gloire , c'est couvert des lauriers qui ombragent son front , que Bonaparte offre à l'Empereur l'olivier de la paix.

Le traité de Campo-Formio augmenta les possessions territoriales de la France , et donna à l'Europe étonnée le spectacle de sa gloire et de sa force. Jamais Louis XIV, dans la plénitude de sa puissance , n'obtint de ses ennemis vaincus une paix aussi glorieuse. Les possessions de l'Empereur s'étendaient de la mer du Nord au golfe Adriatique. Il régnait sur vingt - cinq millions d'hommes. Par le traité de Campo-Formio , cette Puissance perdait ces fameux Pays-Bas, où s'élèvent tant de riches cités , la Lombardie , le Milanès , les fiefs impériaux. Il est vrai que l'Autriche avait obtenu la Dalmatie , l'Istrie et Venise. Cette cité, qui fut jadis une puissance redoutable, n'était plus célèbre que par le souvenir de son ancienne splendeur. Les amis de l'humanité versèrent des pleurs de joie et d'attendrissement, en apprenant ce traité consolateur fermant les sources d'une guerre meurtrière qui épuisait le sang et les trésors des peuples. Ils bénirent le nom et les exploits d'un héros pacificateur. Mais ces jours d'allégresse ont bientôt disparu. Le glaive homicide, si long-temps suspendu, immole ses victimes : la terre est arrosée de sang, les cyprès croissent autour des tombeaux et l'humanité est couverte d'un crêpe funèbre.

L'Autriche viole bientôt le traité de Campo-Formio. Pourquoi l'ancien Gouvernement n'a-t-il pas confié à Bonaparte le commandement d'une armée, qu'il n'avait cessé de conduire à la victoire, et qui brûlait de vaincre sous un chef intrépide et chéri ? Ah ! jetons un voile mystérieux sur ces intrigues secrètes, sur ces trames ourdies par l'envie et la médiocrité, contre le génie et les vertus. Le vainqueur de l'Italie revient en France. Il se livre à l'étude de la politique et de l'histoire. C'est dans la retraite que la raison s'éclaire, s'embellit, se perfectionne, et que l'esprit, dans la méditation, acquiert ces connaissances nécessaires au législateur, et à l'homme d'Etat.

Des hommes vastes dans leurs conceptions, hardis dans leurs projets , pensèrent que l'établissement d'une colonie en Egypte , pouvait devenir le boulevard des isles Adriatiques , et que cette riche contrée assurerait à la France ; la domination de la Méditerranée , deviendrait l'entrepôt du commerce de l'Inde, et réunirait les commercans de l'Orient aux navigateurs de l'Occident. L'Egypte est la principale route que la nature a tracée au commerce de l'Inde. Elle est le point du départ le plus favorable pour les grandes entreprises ; elle semble ouvrir toutes les grandes routes du globe de la terre au commerce et à la passion des connaissances et aux travaux de l'esprit humain. L'Egypte seule offre de vastes ressources. Sous ce double rapport, sa situation, son climat, sa fertilité , les destinées qu'elle a éprouvées , en ont fait un fonds aussi riche pour les recherches savantes , que pour les productions qui forment la matière du négoce. Sans parler ici de cet état de splendeur , qui frappait l'univers entier d'étonnement et d'admiration ; sans parler de ces institutions sublimes , de ces écoles publiques , où l'on enseignait les principes de la morale et les leçons de la vertu , ni de ces monumens publics qui étaient l'ouvrage et le dernier effort du génie, l'Egypte nous rapelle encore son ancienne grandeur. Elle entretient maintenant un commerce considérable avec l'Arabie et l'Abyssinie par le Nil, et avec la Turquie et l'Europe par la Méditerranée. L'Egypte est, pour ainsi dire, à la porte de la France. En dix jours, nos flottes peuvent aller de Toulon à Alexandrie. Ce n'est point assez de tous ces avantages qui lui sont propres; sa possession en donne d'accessoires, qui ne sont pas moins importans. Par l'Egypte, nous pouvons toucher à l'Inde et dériver tout le commerce dans la mer Rouge ; nous pouvons rétablir l'ancienne circulation par Suez, et faire déserter la route du cap de Bonne-Espérance : nous attirerons toutes les richesses de l'Afrique intérieure, la poudre d'or et les dents d'éléphant. En favorisant le pélerinage de la Mecque, nous jouirions de tout le commerce de la Barbarie jusqu'au Sénégal. La France deviendrait un entrepôt universel, où viendraient se réunir toutes les richesses et toutes les productions de l'Orient.

Bonaparte pouvait seul exécuter cette importante et vaste entreprise. Ses hautes destinées l'appelaient à conquérir l'Egypte et à renouveler, sur les bords du Gange et du Nil, les travaux, les bienfaits et les vertus d'Alexandre. Il vit que cette conquête ouvrirait à la France

de nouvelles sources de gloire et de prospérité.
L'histoire lui avait appris que les nations qui
eurent part au commerce de la mer Rouge,
furent puissantes; les juifs lui durent leur
gloire et leurs richesses. Si la conquête de
quelques places, qui donnait la faculté de
participer au commerce de l'Egypte, suffisait
pour mettre une nation en état de jouer un
rôle brillant; si les Vénitiens, sans possession territoriale, surent, par leur commerce
qui était sous la protection vénale des Maho-
métans, fonder leur puissance et augmenter
leurs trésors, que ne doit - on pas attendre
d'une nation industrieuse et éclairée, devenue maîtresse de cette contrée précieuse?
Qui peut calculer le bien que la France peut
retirer de l'Egypte?

En pensant à cette conquête, l'ame de Bonaparte s'enflamme, son génie s'agrandit;
cette pensée réveille d'intéressans souvenirs et
fait naître de grandes espérances. Alexandre,
le plus grand capitaine qui ait existé, forma
le projet d'établir le siége de son empire en
Egypte, et d'en faire le centre du commerce
de l'univers. Bonaparte médite déja de rendre
à l'Egypte son ancienne splendeur, et de
rouvrir ces canaux qui fertilisaient jadis ces
belles et riches contrées. Il voudrait que

toutes les nations maritimes et commerçantes se rendîssent dans les ports de l'Egypte pour acheter les productions de l'Inde, et qu'Alexandrie devînt le marché général des productions asiatiques. Il voudrait venger un peuple malheureux de l'oppression où il gémit depuis si long-temps. Il voudrait lui donner des lois, le rappeler à la civilisation et à la liberté, ressusciter, pour ainsi dire, le génie des anciens Egyptiens, rallumer le flambeau des sciences et des arts, élever des portiques et des temples, et appeler dans cette terre, autrefois si fortunée, ces sages et ces philosophes qui ont éclairé et consolé les siècles et les générations.

Concevoir un plan, le voir dans toute son étendue, quelque vaste qu'il soit, en déterminer les justes proportions former de toutes les parties, par un harmonieux accord, un ensemble parfait, prévoir les obstacles et trouver dans son audace, les moyens de les renverser; voilà le travail et les succès du génie. Cyrus, Sélim, Mahomet, ont conquis l'Egypte. Bonaparte peut bien sans doute faire ce que ces conquérans ont exécuté. Ces féroces guerriers ont porté par-tout l'incendie, la désolation et la mort. Bonaparte ne combattra que pour briser les fers que la tyrannie appe-

santit sur les peuples. Son bras vengeur ne
punira que les oppresseurs ; et l'Egypte, té-
moin de sa justice et de sa clémence, bénira
son libérateur, et gravera son nom sur le
marbre et sur l'airain.

Bonaparte part pour l'Egypte, la fortune
ne l'abandonne point. Il échappe aux Anglais
qui couvrent les mers de leurs vaisseaux, et
s'empare de Malte, placé regardée comme
imprenable. Malgré la perte déplorable de
notre flotte, il arrive à Alexandrie, se rend
maître du Caire et des clefs du Delta, et, après
s'être emparé de Damiette et de Rosette, établit
des garnisons dans les villes conquises, châtie
les Beys qui s'étaient armés contre lui, met
en fuite les Mamelucs, parcourt l'Egypte en
triomphateur, traverse des régions immenses,
brave tous les dangers que lui présentent l'art
et la nature, va combattre, dans les déserts
brûlans de la Syrie, les phalanges Mahomé-
tanes, les disperse et les détruit, enlève,
sur les rochers de Canope, les enseignes
du Croissant. Le Divan et Constantinople
tremblent et sont dans la consternation. Bonaparte respecte les usages, le culte, les institutions des peuples vaincus, les éclaire, les
instruit, affranchit par la victoire la terre
natale des arts, et y reporte, entouré de

savans et de guerriers, les lumières et la civilisation. Ce vainqueur généreux fait chérir la
domination Française ; et les peuples soumis
admirent son courage et bénissent ses vertus.

Bonaparte, au milieu de ses conquêtes, et
environné de l'éclat de sa gloire, apprend les
malheurs de sa patrie, et les défaites de ces
armées qu'il avait conduites à la victoire. Ce
tableau de calamités afflige et consterne son
ame ; il quitte l'Egypte. Que voit-il en arrivant
en France ? la guerre répandant ses fléaux,
ses crimes, les armées dissipées et sans sub-
sistances ; il voit le prix de ses conquêtes et
les fruits de ses travaux perdus ; il voit une
lutte scandaleuse entre le directoire et le pouvoir législatif, le scandale dans le sanctuaire
des lois, et la faiblesse dans la puissance exé-
cutive : il voit le gouvernement sans justice,
sans morale, entouré d'intrigans et d'ambitieux, ne faisant rien pour arrêter ce dé-
bordement de débauche et de corruption qui
infecte les mœurs ; toujours occupé à combattre un parti par un autre, à élever une
faction sur les débris d'une autre, sans savoir
que l'anarchie, de quelque côté qu'elle vienne,
sous quelque nom qu'on la protège, entraîne
la perte de la puissance qui l'appelle à son se-

cours. Sous un gouvernement faible, incertain dans ses principes, vacillant dans ses projets, tout est désordre et confusion : l'autorité, mal affermie, multiplie les factions et les révoltes ; les hommes sans morale, sans conscience, s'emparent des places, établissent leur fortune sur la misère du peuple. Dans cet ordre de choses, il n'existe ni liberté, ni amour de la patrie ; toutes les passions conjurées se réunissent pour éteindre les vertus publiques, le vrai citoyen se décourage ; ses lumières et sa probité deviennent inutiles ; sa voix se perd dans les déserts ; il n'a que des vœux impuissans à former pour le bonheur et la prospérité de son pays.

Bonaparte voit des législateurs sans moralité ni science, plus occupés à satisfaire leur orgueil et leur ambition qu'à travailler au bonheur du peuple. Les finances sont épuisées ; l'Etat est sans agriculture, sans commerce, sans industrie ; une secte continuellement conspiratrice médite le retour de la tyrannie et de la terreur ; des désorganisateurs de l'ordre social annoncent leurs projets de destruction et de mort ; des hommes dont les mains sont encore teintes de sang, demandent le salaire de leurs forfaits ; de nouveaux riches couverts de rapines, étalent avec audace leur fortune scandaleuse , et insultent aux calamités publiques. Des assassins avec des poiguards, des brigands avec leurs torches, parcourent les départemens et les ensanglantent; des écrivains licencieux répandent le poison de leur doctrine ; ils excitent le peuple à la révolte ; les opinions religieuses sont méprisées ; l'athéisme est proclamé ; tous les liens de la morale et de la nature sont rompus. C'est ainsi que la France, déchirée par les factions, marchait rapidement d'erreurs en erreurs , de calamités en calamités, vers sa dissolution politique.

Quel sera le bras assez fort , assez puissant pour empêcher la destruction de l'empire? Qui sera assez habile ou assez heureux pour guérir les plaies de l'Etat, pour l'arracher aux souillures de l'anarchie , pour fortifier et embellir le pacte social , et pour rétablir le règne des lois et de la justice sur les ruines des factions et des crimes? Bonaparte sent qu'il est digne de remplir ces hautes destinées. Un seul homme fixe quelquefois le sort des peuples et des empires. A sa voix , les abîmes se ferment , les ténèbres se dissipent ; l'astre du jour vient ranimer la nature languissante ,

et répand ses rayons bienfaisants : cette nouvelle création est l'ouvrage du génie et des
vertus. Bonaparte pour l'exécution de ses projets, se réunit à des hommes respectables par
leur sagesse et distingués par leur science. Il
veut sauver sa patrie, et rappeler à ses
antiques vertus un peuple qu'il a illustré par
ses victoires; eh qu'on ne dise pas que l'ambition ou le desir du pouvoir ait été le mobile
secret de ces actions : a-t-il besoin d'étendre
la gloire de son nom ? Il retentit dans toute
l'Europe, sur les rives du Nil et du Gange.
Bonaparte ne veut que le bien public. Il rejete
le conseil de ces hommes perfides qui l'in-
vitent à usurper le pouvoir, pour regner sur
un peuple épuisé par la tourmente révolutio-
naire.

Bonaparte voit dans la Constitution un
principe de désordre. Les rouages de cette
immense machine se heurtent, se confondent,
se brisent. Ce cahos, en ébranlant le corps
politique, peut le renverser, et conduire le
peuple à l'esclavage et à la misère. Il médite
un nouvel ordre de choses plus heureux et
plus consolant. Son génie prépare ces travaux
de la régénération publique. Les obstacles
et les dangers n'ébranlent point son ame ; ils

viennent renforcer son caractère, et lui donnent un nouveau degré de force et de vigueur. Semblable à Prométhée, Bonaparte va dérober le feu sacré de la divinité. Il parle au nom de l'intérêt public et du salut du peuple. Les factieux lèvent leurs poignards ; mais bientôt ils tremblent et obéissent. Le sanctuaire des lois n'est plus souillé par ces hommes qui voulaient perpétuer les crimes de l'anarchie et les fléaux de la guerre. Le corps législatif, purgé de ce levain impur, qui aurait produit la putréfaction de la société politique, prend une nouvelle existence et un nouvel éclat. C'est l'astre du jour, qui, en dissipant les ténèbres de la nuit, vivifiera et embellira la nature. De nouvelles lois vont affermir les fondemens de la République et préparer le bonheur du peuple. On établit un gouvernement provisoire, et bientôt une nouvelle Constitution, plus conforme aux véritables principes du contrat social, à l'étendue de la population de la France, au génie, aux mœurs de ses habitans, s'élève sur les débris de l'ancienne. Bonaparte est nommé premier magistrat de la République. La nation, au milieu de mille cris d'allégresse et de bénédiction, sanctionne cet acte de la justice et

de la reconnaissance, et le proclame le libérateur de la Patrie.

Les nouveaux législateurs, dans le pacte
social qui nous régit, n'ont pas eu recours à une puissante et vaine déclara-
tion des droits de l'homme, à des disserta-
tions métaphysiques, à de fragiles moralités
plus propres à exciter les insurrections popu-
laires qu'à éclairer les esprits et à perfectionner la morale publique. On n'a pas parlé des
droits de l'homme, dont on a fait si souvent
usage pour rétablir et propager ce système
nouveau de l'égalité ; inventé par ces jongleurs politiques qui veulent aller à la célé-
brité par des folies, ou par des crimes, et qui
aiment à promener leurs regards iniquites
sur des ruines, sur des monumens épars et
mutilés. Dès qu'on place ce droit, dit un
auteur estimable, par la pensée, avant les
lois et avant l'origine des sociétés, on ne peut
trouver de titres qu'en dépouillant, pour
ainsi dire, les archives de la nature ; l'univers les composent, l'univers est le majestueux
dépôt des pensées du créateur ; nous ne
voyons nulle part l'exemple, ni le type de
cette égalité que l'on veut appliquer, au nom
des droits de l'homme, à l'organisation sociale.

Toutes les fois que l'on dira aux hommes

assemblés : *vous êtes égaux , libres et souve-*
rains , il faut s'attendre à voir les liens de la
subordination se dissoudre , et les droits de la
société s'anéantir. Quand on n'aura, pour ra
mener la multitude à ses devoirs, que des mots
vuides de sens , et une métaphysique obscure,
on excitera ses passions, et elle se livrera à
de nouveaux crimes. Parlons quelquefois au
peuple de ses droits ; rappellons-lui sa dignité
et son indépendance ; mais parlons-lui souvent de ses devoirs et ne cesssons de l'exhor-
ter à obéir aux lois, et à respecter ses magistrats et ses législateurs.

La dernière Constitution ne donnait pas
assez d'autorité au pouvoir exécutif. Ses opérations divisées rendaient la marche des lois
lente et incertaine. Il était, pour ainsi dire,
étranger à la puissance législative. Sa dépen-
dance contre laquelle il s'irritait , devait nécessairement produire les passions de la haine
et de l'orgueil ; la séparation des pouvoirs
n'était point fixée. Ses lois organiques étaient
un mélange de tyrannie et de contradictions.
On sortait alors du régime révolutionnaire ;
les travaux des législateurs se ressentaient de
son levain, la justice sortait, pour ainsi dire,
de l'enfance ; et le génie n'avait pas encore
éclairé l'esprit, et la conscience n'avait point

purifié les ames des crimes de la révolution.
Les nouveaux législateurs ont puisé dans
l'étude de l'histoire , dans la sciencede la politique et dans les ouvrages des publicistes,
leurs lumières et leurs pensées ; ils ont connu
les véritables principes qui doivent régir les
sociétés politiques et les ont appliqués au
nouveau pacte social. Le gouvernement, qui
réside essentiellement dans le pouvoir exécutif, a été associé à la puissance législative.
On lui a donné un centre d'unité et de pouvoir. On a été pénétré de cette grande vérité :
qu'il faut donner au magistrat chargé d'exécuter les lois une grande confiance et une
grande autorité. Un centre unique de pouvoir
est nécessaire pour imprimer aux lois un caractère de grandeur et de sagesse. C'est l'exécution des lois qui rend un peuple libre ou
esclave , heureux ou dégradé. Il ne suffit
point de décréter des principes ; il faut les
appliquer avec prudence, avec discrétion ,
avec maturité. Pour assurer à l'exécution des
lois un succès certain , il faut consulter les
tems, les circonstances, les situations, et dis-
tinguer de l'opinion générale ces élans subits
et passagers , qui naissent du sein des orages
et de la fermentation. Pour remplir cet objet

important, une seule volonté doit avoir la plénitude de l'autorité, pour exécuter les lois. Ce chef unique ne rencontrera ni obstacles, ni entraves; il aura en son pouvoir le fil qui dirigera ses opérations; il appercevra le terme où il doit aboutir, et saura l'atteindre par ses propres forces. Il conduira au port le vaisseau de l'État battu par les orages et les tempêtes. Il ne sera point soumis au caprice et aux volontés inconstantes de coopérateurs divisés dans leurs opinions et dans leurs principes. Il ne craindra ni les efforts de l'opposition, ni les manœuvres de la jalousie, ni les soupçons de la méfiance. Il sera pénétré de l'étendue de ses devoirs : il verra dans sa fidélité une récompense précieuse, et honorable.

La force et l'unité du pouvoir exécutif mettront un frein à ces révolutions journalières qui annoncent la foiblesse des lois et les vices du gouvernement. Elles affermiront la constitution et la défendront entre les provocateurs à l'anarchie, et spectateurs de la tyrannie. L'exécuteur suprême des loix s'armera de la force militaire pour s'opposer aux déchiremens de l'État, pour réprimer ces républicains hypocrites, ces agitateurs sombres,

ces intrigans corrompus , qui , sous prétexte
de défendre la liberté , pervertissent l'esprit
public , séduisent les peuples , sèment sous
leurs pas la confusion , les soupçons , les forfaits , érigent en système et en devoir la rébel-
lion et le meurtre , et brisent les liens du pacte
social.

C'est dans le pouvoir exécutif que résident
la base et le principe de l'union sociale. C'est
la chaîne dont les deux extrémités doivent se
correspondre , pour entretenir la force et
l'harmonie. Il est l'ame du gouvernement. Il
met en activité toutes les parties de la machine
politique. Il en fixe les rouages ; il en suit la
direction , en prescrit les limites , et en règle
le but. Il lève les impôts , prescrit les mouvemens et la marche des armées , paye les
fonctionnaires publics. Il vivifie l'agriculture,
le commerce , l'industrie, et toutes les parties
de l'administration publique. Il nomme les
ambassadeurs, pénètre dans les cabinets de
l'Europe , fixe ses regards sur les systèmes
et les opérations des puissances étrangères,
et connaît leurs secrets. Il déclare la guerre
et fait la paix. Il purifie, pour ainsi dire ,
les institutions républicaines et les fait tour-
ner à l'utilité du peuple et à la prospérité de

l'empire. **Si** ces grands travaux , si ces fonctions importantes sont confiées à différentes mains , plus d'union , plus d'ordre , plus d'harmonie. Les anneaux de la chaîne sociale se détachent, se brisent ; les jalousies, l'ambition, l'amour-propre, l'orgueil président dans les Conseils. La loi est suspendue , ou marche sans activité, sans règle et au hazard. L'anarchie prépare la tyrannie ; et la tyrannie prépare les fers. Un centre unique de pouvoir prévient ces desordres et ces malheurs ; vers lui se rapportent tous ces rayons qui forment un faisceau de force et de lumières ; la loi, débarrassée de ses entraves , parcourt paisiblement tous les points de la circonférence, et se rend à sa destination, sans avoir été troublée dans sa marche. Alors elle éclaire tous les esprits , perfectionne la conscience , fait chérir les devoirs qu'elle impose. C'est une rosée salutaire qui fertilise les campagnes et mûrit les moissons.

En environnant le premier magistrat de la République d'une grande force, d'une grande confiance , d'un grand respect, il faut sans doute que l'opinion publique , qui est un jugement réflechi sur ce qui est fait ou un jugement anticipé sur ce qui est à faire ,

éclaire le gouvernement et lui présente le
vœu national ; mais il faut que celui q ui
excerce une grande autorité , ne soit point
exposé à des dénonciations vagues , à des
jalousies personnelles , à des méfiances injustes, à des soupçons inquiets , et à des
poursuites judiciaires. Lorsque le premier
magistrat est respecté , il est toujours juste.
Une censure amère , une calomnie produit
ses inquiétudes , et lui fait oublier et mécon-
naître quelquefois ses devoirs. On a très-bien
fait de déclarer le premier magistrat de la
République inviolable. Chargé de proposer
les lois, de les faire exécuter, il faut qu'il soit
élevé au-dessus des autres citoyens. Pour
que son action , qui tend toujours à l'ordre
public , n'éprouve pas d'obstacles , il faut
qu'il imprime le respect qui fait aimer l'obéissance que le loi commande et qu'il contienne
dans leurs limites toutes les autorités secon-
daires qui ne tendent qu'à s'en écarter , ou
à les franchir. Il faut qu'il reprime ou qu'il
prévienne toutes les passions qui s'efforcent
de contrarier le bien général , et qu'il sur-
veille avec inquiétude toutes les parties de
l'administration , qu'il tienne dans sa m ain
tous les ressorts du gouvernement tendus,

et qu'il ne souffre pas qu'un seul se relâche.
Pour remplir de si grands devoirs, il est nécessaire que le premier magistrat de la nation
jouisse d'une grande puissance ; et pour que
cette puissance ait toute la liberté de son
exercice, il faut qu'il soit inviolable , ce n'est
point pour leurs chefs que les nations ont
crée l'inviolabilité, c'est pour elles-mêmes ,
pour leur propre tranquillité ; c'est pour établir le règne des lois, et pour prevenir ces
commotions terribles qui éblanlent et détruisent les empires. On a compris que le devoir
des chefs des nations étaient au-dessus des
forces humaines , et qu'entourés d'hommes
agités par toutes les passions, et dirigés par
des mouvemens divers, leurs erreurs et
leurs faiblesses ne sont point leur ouvrage ;
qu'il est de leur intérêt et de leur gloire de
faire le bonheur des peuples qu'ils régissent,
et que leurs ministres sont seuls responsables
du mal qu'ils font, et du bien qu'ils ne font
pas. On a senti, que , dans un temps de révolution , où toutes les passions sont déchaî-
nées , l'autorité méconnue et les lois outra-
gées, il serait facile de trouver dans les chefs
de l'Etat des prévarications et des crimes , et
desoulever une multitude naturellement por-

tée à s'insurger contre le gouvernement.
Voilà , dit un écrivain politique , la véritable
origine de l'inviolabilité. Elle se perd dans
la nuit des temps. C'est sur cette basse que
reposent les véritables principes , les vérités
simples que les nations se sont transmises ,
d'âge en âge et d'un commun accord. Cette
inviolabilité se rapporte à une considération
importante. On a reconnu qu'il était impos-
sible de faire juger celui qui exerce la plénitude du pouvoir exécutif par des hommes
dont l'impartialité fût certaine. Car , dans
le cours de leur longue administration , le
premier magistrat du peuple duquel émane
une infinité de décisions, a dû nécessairement
blesser l'ambition , l'orgueil et l'intérêt de
plusieurs hommes. Un chef du pouvoir exécutif dont on attaque l'administration par des
dénonciations et dans des libelles , réveille
toutes les passions ; la haine prépare ses poignards, la calomnie ses poisons ; et le rang
dont on veut le dépouiller , excite l'ambition
des uns, et nourrit les espérances des autres.

La division des pouvoirs est nécessaire
pour affermir le corps social , pour le pré-
server des crimes de la tyrannie , des factions anarchiques et des insurrections popu-

laires. C'est dans leur confusion que naît,
croît et se fortifie ce principe de désorgani-
sation qui agite et dissout les corps politiques.
C'est la rouille qui corrompt le fer, c'est
l'arsenic qui empoisonne le corps humain.

C'est une belle conception que celle d'avoir
donné au premier Magistrat de la République l'initiative des lois; celui qui a en main
les rênes du gouvernement, qui les dirige, à
son gré, qui, dans un centre commun, at-
tire toutes les parties de l'administration,
doit connaître les besoins du peuple et em-
ployer les moyens qui doivent préparer son
bonhenr et sa liberté. Il connaît les lois et
les institutions qui conviennent à ses mœurs.
Parmi les codes qui ont illustré tant de nations, il n'en est point qui n'aient été le fruit
des conceptions d'un seul homme de génie.
Minos donna des lois à la Crète, Zoroastre
aux Perses, Confucius aux Chinois, Solon à
Athènes, Licurgue à Sparte, Numa aux
Romains, Moïse aux Hébreux, Mahomet
aux Arabes. Leurs lois ont subsisté, pendant
des siècles; et les peuples qui y ont obéi, ont
été puissans et heureux.

Un génie sublime qui s'éleve à de grandes
conceptions, peut créer une nation, la con-

duire à la civilisation par des principes géné-
raux de politique et de législation ; mais,
pour régénérer un peuple ancien et corrompu,
il faut lui donner des institutions et des
lois conformes à ses préjugés , à son caractère , à ses habitudes ; il faut éclairer son
esprit, perfectionner sa raison, et l'attacher
aux idées de morale, et aux opinions religieuses. Le premier magistrat de la République peut seul opérer cette régénération salutaire. Chargé de l'administration générale,
il correspond avec toutes les parties de l'Empire ; il reçoit les instructions de ses agens,
il connaît et juge l'opinion générale , il reçoit
le vœu national ; environné de lumières, di-
rigé par de sages conseils , il s'occupe à proposer au corps législatif des lois capables de
faire le bonheur des peuples , et de subvenir
aux besoins de l'État ; s'il se trompe , le
corps législatif rejète ses projets.

Une assemblée nombreuse d'hommes diffé-
rens par leur caractère , leurs opinions, leurs
principes , agités par des passions diverses ,
dirigés par des motifs d'intérêt , ne peut , de
son propre mouvement , donner de bonnes
lois à un peuple nouveau , ou à une nation
ancienne. Une assemblée agit plus par sentiment que par réflexion ; et l'ouvrage des lois

n'appartient qu'à la réflexion. Pour faire de bonnes lois, il faut des têtes froides et des cœurs purs : toutes les passions se réunissent dans une assemblée nombreuse. De ce foyer sortent, éclatent la haîne, l'orgueil, l'envie; l'homme calme et vertueux n'ose élever la voix, il gémit dans le silence. L'homme ardent et pervers profite de cette faiblesse. Il n'a d'énergie et d'éloquence que pour faire sanctionner ses projets d'injustice et ses principes d'anarchie. Dans cette confusion, le scandale est dans le sanctuaire des lois. Les législateurs perdent cette confiance dont ils ont besoin pour exercer les augustes fonctions qui leur ont été déléguées. De-là tant de lois injustes, contradictoires, bisarres, obscures, précédées de préambules inutiles et dangereux. Ces lois produisent des restrictions, des commentaires qui en arrêtent ou en suspendent l'exécution. Les lois les plus courtes se gravent le plus profondément dans la mémoire, et la raison des hommes. Quand Moïse donna au peuple Hébreu les tables de la loi, il les écrivit en dix articles; et ces dix articles sont encore, après plus de trente siècles, les préceptes religieux et moraux les plus simples et les plus incontestables.

Les législateurs ne peuvent faire de bonnes lois que dans la méditation et le silence ; elles ne seront chéries et exécutées qu'autant que ceux qui les ont proposées, donneront le spectacle de l'union, de la sagesse et des vertus publiques. Si les pensées des philosophes, si les recherches des savans exigent le recueillement, la pureté de l'ame, et demandent toute l'attention dont l'homme est susceptible, que sera-ce de la formation de la loi qui réunit les grandes combinaisons de l'esprit, l'observation exacte de faits les plus difficiles à analyser et la solution des plus grands problêmes de l'esprit humain ? Comment des législateurs rempliront-ils les devoirs importants de leur auguste fonction, si, en formant la loi, ils sont placés au milieu de la fureur des passions, sans que rien puisse leur imposer de frein ; si l'agitation de leur ame s'accroît et se perpétue par tout ce qui fermente autour d'eux ? Les législateurs de l'antiquité fuyaient le tumulte des villes, et allaient dans la retraite méditer les lois qu'ils devaient donner aux peuples ; ils rompaient les nœuds qui les liaient à la société, et n'avaient de commerce qu'avec les dieux. C'est ainsi qu'un vaisseau battu par la tempête, se brise et s'ensevelit dans les flots. Au milieu d'une mer paisible, il se promène majestueusement et arrive au port.

Le chef d'une nation, le premier magistrat d'une république, chargé de faire sanctionner la loi qu'il propose, est pénétré de la sainteté de ses devoirs ; et il n'est point esclave de ces passions sombres qui agitent une assemblée nombreuse. Il voit que c'est dans sa fidélité, dans sa justice que le peuple trouvera le bonheur, que sa reconnaissance et son amour y sont attachés. Dans ses profondes méditations, et loin du tumulte, il ne propose que des lois utiles et nécessaires : il sait que, pour recevoir les éloges de l'admiration et le tribut de la reconnoissance publique, il ne doit parler qu'un langage fier, noble, majestueux, que toutes ses expressions doivent être grandes et sublimes ; et, comme le prêtre de l'ancienne loi, il doit porter sur sa poitrine l'emblême de la force et l'image de la vertu.

Bonaparte est couvert des lauriers de la victoire ; le vainqueur de l'Italie, le conquérant de l'Egypte s'est acquis une grande gloire dans la carrière militaire. Il a développé de vastes connaissances dans ses négociations diplomatiques. Sa vie politique nous présen-

téra les vertus et les talens du législateur et
de l'homme d'Etat. Cette grandeur l'accom-
pagnera jusqu'au tombeau ; il n'abandonnera
point sa gloire et le fruit de ses travaux ; il ne
sacrifiera point sa renommée et le beau nom
qu'il porte pour suivre ces principes machia-
véliques , cette politique astucieuse qui immole la justice et la morale pour exécuter des
projets d'usurpation et de crimes. Les lauriers
qui embellissent son front, conserveront leur
fraîcheur et ombrageront son tombeau.

Bonaparte doit nécessairement exciter l'envie de ces hommes petits et orgueilleux qui ,
ne pouvant atteindre à la hauteur de gloire
où parvient le génie , outragent le mérite et
calomnient les vertus ; les grands hommes
qui ont illustré leur siècle et fait l'ornement
de l'humanité , ont essuyé des persécutions ;
mais l'aigle qui plane au haut des cieux, doit
voir avec mépris ces reptiles obscurs qui
rampent sur la terre. Qu'importe à Bonaparte
que la calomnie et la perversité le comparent
à César et à Cromwel ? Que lui importent les
cris des libellistes licencieux et des vils folli-
culaires qui annoncent qu'il a l'ambition de
l'un et qu'il veut imiter l'autre dans ses usurpations ? Qu'y a-t-il de commun entre Bona-

parte et l'oppresseur de Rome, entre Bonaparte et le meurtrier, usurpateur du trône
Britannique ? César était l'ami de Catilina et
de tous les factieux de l'empire Romain ; il
détruisit la liberté publique, et donna des
fers à sa patrie; il était l'esclave de la multitude, et le tyran du sénat; il proposa et fit
décréter la loi agraire. Bibulus, qui s'opposait
à cette loi violatrice des propriétés, fut sur le
point d'être assassiné par le peuple en sa pré-
sence; il fit traîner dans les prisons le vertueux Caton qui s'opposait à ses violences; et
ce grand homme qu'avaient créé les Dieux,
pour laisser à la vertu opprimée par le crime
un exemple puissant et un illustre modèle,
fut traité par César comme un vil scélérat.
César provoqua l'exil du libérateur de la république, de Cicéron, le premier Romain,
dit J. J. Rousseau, qui obtint le titre de Père
de la Patrie et qui le mérita. César jouissait
d'un gouvernement usurpé par la violence et
conservé par la protection de ces tribuns qui,
sous prétexte de veiller à la défense des droits
du peuple, ne cessaient d'exciter la multitude
à la révolte et de préparer les guerres civiles,
qui firent verser des flots de sang, et hâtèrent
la chute de la république Romaine. César,
en annonçant qu'il allait venger Marius, se

mit à la tête d'une armée et marcha contre sa patrie, pour l'asservir. Arrivé à Rome, il brise les portes du trésor public, s'en empare, et paye des deniers de l'Etat les destructeurs de la République. Il médite le projet de conquérir le monde pour augmenter sa puissance militaire, pour établir sa souveraineté, pour immoler, sur les marches du trône qu'il veut usurper, les défenseurs de la liberté publique.

Bonaparte, dès sa plus tendre enfance, abhorrait la tyrannie ; et son ame, vraiment républicaine, aimait l'indépendance. Il a combattu pour la liberté du Peuple Français, et a vaincu les rois qui s'étaient armés pour la détruire ; il a châtié cette secte audacieuse et féroce, qui, sous prétexte de défendre la souveraineté et les droits de la nation, ne cessait d'organiser l'anarchie et la corruption, pour entraîner l'État vers sa dissolution. Il a contribué, par ses lumières et par ses conseils, à créer cette Constitution qui établit le gouvernement représentatif, le plus beau, le plus utile, le plus honorable de tous les gouvernemens. Il a appelé à son Conseil des républicains énergiques, et qui, à l'amour de la patrie joignent l'exercice des talens, et des vertus. Il fait exécuter les lois qui punissent les traîtres et les conspirateurs ; il protège les

propriétés ; ses proclamations, ses arrêtés ,
ses projets de loi, tout respire les principes
d'un sincère et vrai républicain qui , veut
défendre l'indépendance du peuple , et les
droits de la liberté publique. Il dédaigne l'ap-
pareil de la grandeur ; il ne recherche point
les suffrages , les éloges d'une multitude in-
constante et frivole , prête à briser aujour-
d'hui l'idole qu'elle a encensée hier. Il veut
conserver son pouvoir constitutionnel par la
force des lois, et entourer l'arche du pacte
social des barrières destinées à la défendre
contre les entreprises des provocateurs à l'anarchie , et les complots des partisans de la
royauté. Il s'occupe d'une pacification générale , et expose à l'admiration publique les
statues des défenseurs et des martyrs des droits
du peuple , et de la liberté publique.

Cromwel ne médita que des crimes et des
usurpations : il marcha toujours au hasard ,
sans règle, sans science, sans politique : une
seule bataille perdue l'aurait conduit à l'écha-
faud : il ne consultait que l'impétuosité de
ses passions et les inspirations de son fanatisme. Il devint un usurpateur et un tyran ,
parce qu'il crut ou feignit de croire que le
ciel le destinait à être le vengeur de la liberté,
le fondateur d'un nouvel empire , le législa-

teur d'un nouveau peuple , le prophtèe d'une nouvelle doctrine , et le pontife d'une nouvelle religion. Il ne pouvoit remplir ces hautes destinées qu'en parcourant tous les degrés de l'hypocrisie la plus infâme et du plus ardent despotisme. Armé de la puissance civile et militaire , il étonna les esprits par un jargon prophétique et un langage mystérieux : il enchaîna le peuple par la terreur et la superstition. Cromwel avait sans doute du génie ; mais c'était cette espèce particulière de génie qui devait réussir dans sa propre patrie , et à la seule époque où il en fit usage ; dans un siècle plus éclairé, et chez un peuple moins superstitieux et moins féroce , Cromwel eût été regardé comme un insensé ou un factieux, que les lois auraient méprisé ou puni.

Sa férocité , son fanatisme et le pouvoir militaire dont il était armé, répandirent l'effroi et imprimèrent la terreur dans tous les esprits. Il affermit sa puissance sur l'oppression ; il chercha à enchaîner indistinctement toutes les classes de l'État. Il créa des tribunaux chargés de s'emparer des propriétés : la nation anglaise se vit écrasée sous le joug d'une tyrannie inconnue dans les contrées asiatiques. Il devint l'effroi de tous les hommes de bien ; et des cris de malédiction s'élevaient de toutes

les parties de l'Empire pour dévouer son nom
et son existence à l'opprobre et à l'infamie.
Cromwel, les mains encore teintes du sang
de son roi, voulut usurper un trône qu'il
avait ensanglanté : il assembla ses confidens,
leur découvrit ce secret qui pesait, depuis si
long-temps sur son cœur : il faut que les trans-
portsqui l'agitent, se manifestent, et que le feu
qui le dévore éclate. Mais les hommes qui occupaient les premières dignités de l'État, soppo-
sèrent avec fermeté à ses projets d'usurpation. Cromwel trembla, son ame connut la
terreur. Environné de périls, et menacé par
des conspirateurs, il devint sombre et farou-
che. Il immola des victimes pour calmer ses
inquiétudes, et appaiser ses remords ; mais
le sang ne rassassie point le tyran. Cromwel
ne survécut que quelques mois aux alarmes,
aux tourmens qui déchiraient son ame. Son
imagination n'était remplie que d'insurrections projetées, de révoltes dans l'armée, de
trahison, de combats et de défaites. Il tomba
insensiblement dans cet état de violence et
de terreur qui est la punition réservée aux
grandeurs acquises par de grands crimes. Plus
de paix, plus de sommeil. Son imagination
délirante, ne lui présentait plus que des
coupes empoisonnées, des échafauds, des

bûchers, des poignards, des victimes ensan-
glantées et des bourreaux tenant dans leurs
mains les instrumens de la mort. Il frémissait,
à l'abord de ceux que la nécessité l'obligeait
à recevoir. Se dérobait-il aux travaux de l'administration, des fantômes effrayans l'accom-
pagnaient armés et couverts de sang. A chaque
pas qu'il faisait, il pensait voir l'abîme en-
tr'ouvert sous ses pieds ; il croyait entendre
le bruit de la foudre qui devait le frapper.
L'image ensanglantée de Charles le suivait
par-tout ; le glaive du bourreau était prêt à
l'immoler. Jamais il n'ocupait deux nuits con-
sécutives le même appartement. Un sommeil interrompu l'agitait sans cesse. Des rêves
confus lui offraient le tableau de ses crimes ;
il se levait avec des cris de rage , en deman-
dant ses armes. Alors il versait des pleurs ;
poussait des cris et des gémissemens et regret-
tait les jours sereins et les jeux paisibles de
son enfance : cet état terrible hâta sa mort.
L'histoire, en admirant la gloire et les succès
de Cromwel, a flétri sa mémoire. Si la Renommée public avec enthousiasme ses grandes et
heureuses entreprises , l'humanité verse des
larmes sur le sang qu'il a fait répandre ; et
l'homme sensible et vertueux ne se rappelle
son nom qu'avec un sentiment d'in dignation

que l'on doit aux dévastateurs de la terre et aux oppresseurs des nations ; triste, mais salutaire leçon que la nature et la justice offrent pour épouvanter les tyrans , pour consoler les peuples opprimés , et pour instruire toutes les générations.

Bonaparte , dans sa carrière militaire , s'est toujours occupé de la gloire de la patrie , et du bonheur du peuple. Au milieu des horreurs de la guerre , il a été juste, humain, et a versé des larmes sur ses lauriers arrosés de sang humain. Invariable dans ses principes , il a exécuté avec fermeté les projets que son génie avait conçus. Il a fait servir ses triomphes et ses conquêtes à la félicité des peuples vaincus : il a respecté la liberté des cultes , et honoré les ministres de la religion : il n'a point détruit les temples sacrés , ni renversé les autels : il a été religieux sans fanatisme et sage sans ostentation. Dans sa carrière politique, il a brisé les Tables de proscription , et a rappelé dans leur patrie des citoyens proscrits injustement. Ses travaux , ses exploits n'ont pour objet et pour but que d'affermir la République , de consolider le gouvernement représentatif , d'enchaîner toutes les passions , d'éteindre toutes les haînes , de rallier tous les citoyens autour de la Constitution , et de donner la paix à l'Europe. Calme avec sa conscience, il éprouve ces douces émotions que fait naître le souvenir des actions vertueuses. Il entend avec attendrissement ces cris de bénédiction et d'allégresse qui retentissent, depuis les Pyrénées jusqu'aux Alpes. Cette pensée douce et consolante, que son administration sera salutaire et chérie, porte dans son ame des transports d'une joie paisible, inconnue aux ambitieux et aux usurpateurs : elle devient pour lui une récompense bien chère et bien précieuse.

Qu'a-t-il à desirer, cet homme si heureux ? les lauriers de la victoire ombragent son front. Le peuple l'a revêtu de la suprême magistrature, qui lui donne une grande autorité : son pouvoir est légitime, puisque c'est le peuple qui lui en a donné l'exercice. Fier d'être le premier magistrat d'une grande nation, il doit voir avec indifférence ces sceptres et ces trônes dont la possession corrompt souvent le cœur, invite à la tyrannie, et devient une source d'erreurs et de calamités. Ah ! si Bonaparte eût voulu usurper les droits de l'autorité suprême, il le pouvait, lorsqu'il était à la tête d'une armée puissante et victorieuse, et que les soldats, témoins de sa bravoure, célébraient ses triomphes,

et juraient de combattre et de vaincre sous
un chef aussi heureux qu'intrépide ; mais son
ame grande et indépendante ne connaît point
cette ambition sombre , cette soif ardente
de pouvoir qui conseille des crimes et des
usurpations. Bonaparte n'est point fait pour
être l'esclave de ces passions dévorantes qui
dessèchent et dégradent les hommes ordi-
naires qui ne connaissent point la véritable
gloire et n'ont jamais pratiqué aucunes vertus. Bonaparte a affermi la liberté par ses victoires ; il terminera la révolution et consoli-
dera la République par ses travaux politiques,
l'amour, la reconnaissance et les bénédictions
du Peuple Français , voilà sa récompense.

Bonaparte aime à descendre dans sa conscience ; il ne craint point qu'elle lui rappelle
ses devoirs : il sait qu'il doit régner par les
lois de la justice et de la clémence. Il sait qu'il
doit se faire aimer par les bienfaits et réunir ,
dans son administration , la fermeté à la sagesse et à la bonté. Il doit enchaîner toutes
les factions , vivifier toutes les parties de l'administration publique frappées de stérilité,
composer son Conseil d'hommes sages et
éclairés, protéger les propriétés des citoyens,
et la liberté des opinions , arrêter la licence
de ces jongleurs politiques qui prostituent

leur voix et leurs talens au mensonge et à la calomnie, et veulent substituer à l'empire des lois et à la sainteté des mœurs les conceptions bizarres de leur esprit, et ces principes anarchiques qui corrompent l'esprit public. Il consultera ces sages qui consacrent leurs veilles et leurs travaux à répandre des lumières utiles, à semer des vérités salutaires et à diriger l'opinion publique vers ces grandes vues destinées à l'instruction et au bonheur des peuples. Il écoutera les plaintes des malheureux, sèchera leurs larmes, protégera l'innocent, tendra une main secourable à ces victimes infortunées que des lois féroces ont dépouillées de leurs héritages, fermera cette liste des émigrés qui paralysait toutes les branches de l'administration et était devenue, entre les mains d'hommes pervers, un signal de vengeance et de proscription : il effacera du Code ces lois révolutionnaires, qui étaient le scandale de la justice et l'effroi de l'humanité : il établira un nouveau plan de finance ; et des principes sévères d'économie feront renaître la confiance et le crédit. Des déprédateurs avides ne seront plus engraissés de la substance du peuple, et la législation aura pour fondemens ces principes éternels de justice sur lesquels repose l'ordre social.

Bonaparte sera pénétré de cette grande vérité : qu'il faut réunir à la politique et à la législation un systême religieux. Un peuple sans religion n'a ni mœurs, ni morale, ni liberté. La religion affermit l'ordre social et imprime aux lois un caractère de force et de grandeur, pnisqu'elle en recommande au peuple l'observation, et qu'elle lui ordonne d'obéir aux Puissances qui exercent l'autorité. La religion est la base des mœurs publiques, la consolation des malheureux, et le pacte de Dieu avec l'homme, et, pour nous servir d'une expression brillante d'Homère, la chaîne d'or qui suspend la Terre au trône de la divinité. Tous les législateurs de l'antiquité donnerent pour base à leurs Constitutions une religion et un culte public. Tous ceux qui ont lu avec attention l'histoire, sont instruits que, chez toutes les nations qui successivement ont paru sur la terre, les vices et la corruption ont pris naissance et ont fait de funestes progrès, en proportion du mépris des opinions religieuses. Lorsque les Romains commencèrent à mépriser leurs Dieux et leurs oracles, ils perdirent le goût de la vertu, et ne respectèrent plus la foi des traités et des conventions. Les législateurs de l'antiquité ne se sont pas bornés à établir

des préceptes religieux, ils y ont joint des cérémonies , et ont attaché à leur pratique la
même importance qu'à celle des préceptes ,
parce qu'ils pensaient qu'il faut ramener la
réflexion par les sens , et que les cérémonies
de la religion sont les plus fermes appuis de
ces préceptes. Chez les nations qui habitent
aujourd'hui l'Europe, où la masse du peuple,
forcée de travailler constamment pour vivre,
ne peut pas acquérir une grande instruction
morale , les préceptes religieux sont indis-
pensables , parce qu'ils contiennent en peu
de mots les devoirs de l'homme envers son
semblable , parce qu'ils ordonnent d'obéir aux
lois et de les respecter. Otez à ces peuples
leur culte public ; ils oublieront bientôt
les préceptes religieux et ceux de la morale
qu'ils contiennent : les passions n'auront plus
de frein , et la loi sera toujours insuffisante
pour les réprimer. Le code des lois le plus
sage et le plus complet ne peut pas atteindre
toutes les actions coupables : il ne peut commander ni au sentiment , ni à la volonté ; la
crainte des lois peut empêcher un homme de
commettre publiquement un crime ; mais elle
ne suffira pas pour lui commander l'amour
de la vertu.

Les législateurs anciens, pour donner à

leurs lois une sanction plus redoutable, leur snpposaient une origine divine : ils annonçaient aux peuples qu'il avaient une communication immédiate avec les Dieux. Minos, au rapport d'Homère, allait, tous les neuf ans, dans l'antre de Jupiter ; et il persuadait aux Crétois que dans ce lieu sauvage, le maître du ciel lui inspirait les lois qu'il leur donnait. Zulmokir, en Thrace, Zaleucus chez les Locriens, Amasis chez les Egyptiens, Triptolême chez les Athéniens, Zoroastre chez les Bactriens, Zutraustre chez les Arimusphes, et Pythagore chez les Crotoniates, Lycurgue chez les Spartiates, Romulus et Numa chez les Romains, Thor et Odin chez les Visigots, Mahomet chez les Arabes et Gengis-Kan chez les Mogols, voulurent faire descendre du Ciel les lois qu'ils donnèrent à leurs peuples. Ces législateurs étaient pénétrés de la nécessité d'unir la religion à la politique, à la législation et au gouvernement.

Bayle s'efforce d'établir qu'un Etat peut exister sans religion. Quand-même, dit la Harpe, il pourrait étayer son système par le fait de quelques hordes sauvages, il lui resterait à prouver que la même chose peut avoir lieu chez un grand peuple civilisé. Le publiciste Bielfeld prétend qu'un peuple

chez qui les principes religieux s'éteignent ,
marche rapidement vers sa décadence. Pour
justifier son assertion , il suffit de jeter un
regard sur les mœurs actuelles , comparées à
leur état avant la révolutiou. L'époque de la
destruction des cultes est celle de la démora-
lisation la plus allarmante. Ce frein sacré
ayant été rompu , tous les vices ont inondé la
société. On fera des lois ; mais nous deman-
derons avec Horace : que peuvent les lois
sans les mœurs ? Et ensuite quelles sont
les mœu rs sans les sentimens religieux ?
Il faut donc un principe actif qui , suivant
l'homme dans la solitude et les ténèbres ,
entre dans son cœur pour y créer des vertus
ou des remords , q ui place les qualités so-
ciales dans le cercle des devoirs , et qui , en
les faisant chérir , en facilitant les moyens de
les accomplir , mette du prix , du plaisir
même aux sacrifices que l'on fait pour la
chose publique. Alors la conscience mêle sa
voix à celle du législateur et ses peines à celles
dont la loi punit ses infracteurs. La religion
établit dans le sein des familles une tradition
des vertus , un héritage de bonnes actions ,
qui sont les pierres angulaires de la liberté.
La loi est alors dans le cœur, et la conscience
en est le magistrat le plus éclairé , le plus

intègre. Sur elle repose la fidélité dans les traités et les contrats. Quand un Turc a juré sur l'Alcoran, la sécurité de ceux qui ont traité avec lui, résulte de la vénération qu'imprime dans son ame un livre qu'il regarde comme sacré. Et quelle nation voudrait traiter avec un peuple dont les principes ne présenteraient aucune garantie de sa bonne-foi dans le commerce et de sa fidélité dans les négociations diplomatiques? Un Etat touche à sa dissolution, lorsque le peuple est sans mœurs et sans religion. L'athéisme rompt tous les liens du pacte social, éteint l'amour de la patrie et détruit la conscience de l'Univers. Les athées sont les ennemis de la morale, comme des lois et des gouvernemens. Les Grecs, ces fiers et sages républicains, ces zélateurs de la vraie liberté, chassaient de leurs cités, comme un ennemi public, le sophiste pervers qui osait nier l'existence de la divinité. Non, après tant d'années de souffrances, de malheurs et de crimes, cette secte d'athées qui se répand daus l'Etat, ne détruira point dans l'ame du peuple ces sentimens religieux que la nature y a placés, que la raison y a fortifiés, et que l'habitude y a enracinés. Ces sentimens, garans de la sûreté publique, et consolateurs de la faiblesse humaine, se conserveront, malgré les efforts d'une secte, impie plutôt par intérêt que par opinion, qui ne veut pas de culte, parce qu'elle ne veut point de religion, et qui ne veut point de religion, parce qu'elle ne veut point de morale, qui ne veut ni culte, ni morale, ni religion, parce qu'elle ne veut rien qui s'oppose à sa domination, et qui, résolue de tout détruire pour s'élever sur toutes les ruines, voudrait briser tous les liens sacrés qui retiennent le peuple dans le devoir et l'obéissance, pour le rendre séditieux et profiter d'un bouleversement général pour prêcher avec impunité une doctrine qui lui ouvre une carrière immense pour satisfaire ses passions.

Bonaparte affermira la liberté et les lois sur les bases de la justice et de la morale. C'est cette vertu publique qui assure le bonheur des peuples et garantit la durée des empires. Sans la justice et la morale, les Etats périssent, les nations se dégradent, il ne reste plus que des tyrans et des esclaves, des oppresseurs et des opprimés, des bourreaux et des victimes. Que cette vérité soit gravée sur des tables d'airain, sur les murs du palais du premier magistrat de la République et sur la tribune des législateurs. Qu'elle soit cette alliance auguste qui doit unir les membres du

corps social ; qu'on n'oublie jamais que la
justice et la morale sont une émanation de la
Divinité, qu'elles sont de tous les temps et de
tous les lieux, qu'elles surnagent à-travers
tous les siècles, qu'elles ne varient jamais au
gré des événemens et des orages politiques,
et qu'un Etat chancèle et périt, lorsque les
lois ne sont point fondées sur les bases de la
justice et de la morale.

Bonaparte remplira ses hautes destinées,
en donnant à l'Europe une paix solide ; il
fermera les sources d'une guerre longue et
meurtrière, qui fait des plaies si sanglantes à
l'humanité. Il serait inutile de rapprocher ici
sous nos yeux des tableaux de carnage et de
désolation, et toutes les horreurs des combats. Ces peintures, dit un écrivain estimable,
devenus vulgaires, ne nous touchent plus ; et
l'humanité semble familiarisée avec l'image de
la destruction. Il est des maux de tous les
momens qui les frappent davantage. Il y a
un état de détresse qui accable, un état
d'abjection qui humilie, un genre de pertes
qui fait long temps saigner notre ame, et qui
laisse des plaies cruelles et profondes ; et ce
sont tous ces malheurs que la guerre produit.
C'est elle qui arrête le cours des projets salu
taires ; c'est elle qui vient tarir les sources de

la prospérité; c'est elle qui suspend jusqu'aux idées de justice et d'humanité; c'est elle enfin qui substitue à tous les sentimens doux et bienfaisans l'inimitié, les haînes, le besoin d'opprimer et l'ardeur de détruire.

Qu'un peuple à qui l'on conteste ses droits et son indépendance, s'irrite et s'arme pour détruire les ennemis, il obéit à sa propre dignité; mais, quand le succès a consacré son pouvoir et garanti ses destinées, sa générosité même lui commande la paix; il a assez fait pour sa gloire; il doit commencer à travailler pour son bonheur. Tels sont les principes de Bonaparte. Sans craindre les Puissances coalisées, il leur offre l'olivier de la paix, respect pour l'indépendance des gouvernemens, amitié pour les peuples, bienveillance universelle, volonté invariable d'exécuter les traités. Donner la paix à l'Europe, unir toutes les nations par les liens de la bienfaisance, travailler pour le bonheur de l'humanité, voilà les pensées, les maximes, les vœux et les travaux du premier Consul de la république.

Bonaparte veut la paix, mais une paix juste, solide et honorable. Il consacre ses veilles et ses travaux, pour faire jouir le peuple des bienfaits d'une révolution qui lui a coûté tant de sacrifices, tant de larmes et de sang. Il sait qu'il a besoin de repos, d'ordre et de justice. Si Bonaparte prend des mesures fortes et vigoureuses; s'il demande des sacrifices, c'est pour parvenir à cette paix honorable qui affermira la République. Tous les citoyens, témoins de ses travaux bienfaisans, lui ouvriront leurs trésors, lui offriront leur sang, leurs richesses, leurs biens, leurs moissons, et s'armeront pour forcer les Puissances belligérantes à une paix que l'humanité attend depuis long-temps. Alors l'agriculture, le commerce, l'industrie, les arts reprendront leur fécondité, leurs relations et leur activité. Toutes les sources de la félicité publique seront ouvertes. On élevera un autel à la Concorde, et un temple à la Clémence; l'amour de l'ordre et des vertus réunira tous les citoyens sous le bouclier impénétrable de la Constitution et des lois. C'est ainsi que le peuple Français, après avoir étonné l'Europe par sa valeur et son héroïsme, obtiendra son admiration et son respect par l'éclat de sa gloire et de sa prospérité.

Les exemplaires qui ne seront pas signés de ma main, seront regardés comme des contrefaçons.

DE L'IMPRIMERIE DE DUCAUROY, MAISON SORBONNE, N°. 383.

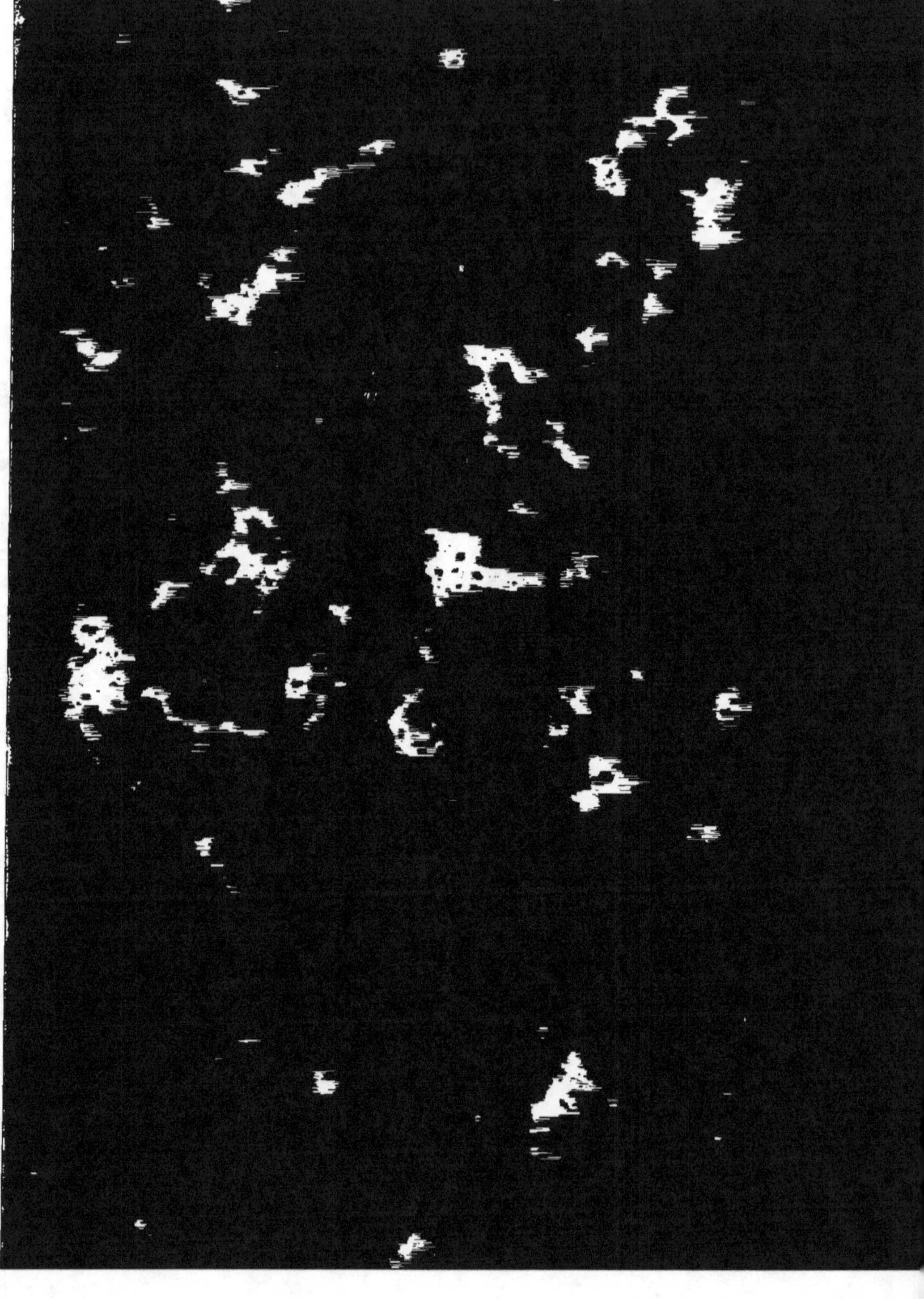